Inhalt

**Branchenreport ENERGIE & ROHSTOFFE
Ausgabe 2/2010**

Branchenreport ENERGIE & ROHSTOFFE Ausgabe 2/2010

A.Schneider

Kernthesen

- Die konjunkturelle Erholung und der strenge Winter haben für eine kräftige Erhöhung des Energieverbrauchs in Deutschland gesorgt. In den ersten sechs Monaten des laufenden Jahres kletterte der Verbrauch an Primärenergieträgern um mehr als fünf Prozent.
- E.ON, RWE, EnBW und Vattenfall sind die vier großen Energieversorger Deutschlands. Sie legten gute Zahlen für das erste Halbjahr vor, weisen aber darauf hin, dass

das neue Energiekonzept der Bundesregierung zukünftig Spuren in den Ergebnissen hinterlassen wird.

- Ziel der Bundesregierung ist es, bis zum Jahr 2050 die Kohlendioxidemissionen um bis zu 95 Prozent zu reduzieren und den Anteil von Ökostrom auf achtzig Prozent auszuweiten.

Beitrag

Primärenergieverbrauch im ersten Halbjahr 2010 kräftig erhöht

Die konjunkturelle Erholung und der strenge Winter haben für eine kräftige Erhöhung des Energieverbrauchs in Deutschland gesorgt. In den ersten sechs Monaten des laufenden Jahres kletterte der Verbrauch an Primärenergieträgern nach Berechnungen der Arbeitsgemeinschaft Energiebilanzen (AG Energiebilanzen) gegenüber dem Vorjahreszeitraum um mehr als fünf Prozent auf 243,3 Millionen Tonnen Steinkohleeinheiten. Damit steigt der Energieverbrauch derzeit deutlich stärker als die wirtschaftliche Leistung. Nach Einschätzung der AG Energiebilanzen deutet dies auf eine besonders kräftige konjunkturelle Erholung in den energieintensiven Grundstoffindustrien hin.

Die Nachfrage nach Steinkohle stieg mit plus 35,2 Prozent besonders stark. Der Mineralölverbrauch verminderte sich um sechs Prozent vornehmlich wegen Vorratseffekten beim leichten Heizöl. Der Erdgasverbrauch nahm in allen Verbrauchsbereichen zu, insgesamt plus 14 Prozent. Die Kernenergie steigerte ihren Beitrag leicht um 0,4 Prozent, der Braunkohlenverbrauch war stabil. Die erneuerbaren Energien konnten ihren Beitrag zur Energiebilanz insgesamt um 6,1 Prozent erhöhen. (1)

Im Energiemix gab es leichte Verschiebungen. Steinkohle und Erneuerbare Energien weiteten ihre Anteile aus, Mineralöl verlor, die Anderen blieben weitgehend stabil. So entfielen auf Steinkohle 13 Prozent, Erneuerbare Energien 9 Prozent, Mineralöl 32 Prozent, Erdgas 24 Prozent, Braunkohle 11 Prozent und Kernenergie 11 Prozent. Hauptenergieverbraucher sind Haushalte und Verkehr. Sie schlucken mehr als 28 Prozent des gesamten Endenergieverbrauchs in Deutschland. Nur wenig sparsamer zeigt sich die Industrie mit knapp 27 Prozent. Auf rund 16 Prozent kommen Gewerbe, Handel und Dienstleistungen.

Das deutsche Energieoligopol

tariert Strategie angesichts des Energiekonzepts der Bundesregierung neu aus

Bei den Energieversorgern hat sich die konjunkturelle Erholung in der deutschen Wirtschaft und damit auch die anziehende Nachfrage nach Energie deutlich bemerkbar gemacht. Branchenweit kletterte der Strom- und Gasabsatz im ersten Halbjahr um mehr als acht Prozent. Die vier großen Energieversorger E.ON, RWE, EnBW und Vattenfall warteten mit starken Halbjahresgewinnen auf. Angesichts des im September präsentierten Energiekonzepts der Bundesregierung richten sie sich gegenwärtig strategisch neu aus. Zu berücksichtigen gilt es die Auswirkungen der Laufzeitverlängerung der Kernkraftwerke, der Brennelementesteuer und der Einzahlungen in den neuen Klima- und Energiefonds. Die regenerative Stromerzeugung wird wichtiger, vor allem Windparks sollen forciert werden, Kohlekraftwerke verlieren, Regelkraftwerke zur Netzstabilisierung gewinnen an Bedeutung. (2)

E.ON, Deutschlands Nummer Eins im Energiegeschäft mit rund 93 500 Mitarbeitern und einem Jahresumsatz 2009 von 81,8 Milliarden Euro, konnte nach einem bereits starken ersten Quartal auch beim ersten Halbjahresergebnis 2010 bei den wesentlichen Kennzahlen deutlich zulegen. Der Konzernumsatz lag im ersten Halbjahr mit rund 44 Milliarden Euro etwa 7 Prozent über dem Vorjahresniveau. Das Adjusted EBIT, die wesentliche Ergebnisgröße des Konzerns, stieg um elf Prozent auf 6,1 Milliarden Euro. (www.eon.de)

RWE, Deutschlands zweitgrößter Energieversorger mit einem Jahresumsatz von knapp 48 Milliarden Euro und konzernweit 71 351 Mitarbeitern, zeigte sich dem ersten Halbjahr 2010 zufrieden und auf Erfolgskurs. Der Konzernumsatz stieg in den ersten sechs Monaten um 12 Prozent auf 27,4 Milliarden Euro. Das betriebliche Ergebnis stieg im Vergleich zum Vorjahreszeitraum um 21 Prozent auf knapp 5 Milliarden Euro. (www.rwe.de)

EnBW, Energie Baden-Württemberg AG, der Dritte im Bunde, mit 19 972 Mitarbeitern und einem Außenumsatz von 15,6 Milliarden Euro für 2009, meldete für die Monate Januar bis Juni, dass der Umsatz mit Strom, Gas und Energiedienstleistungen um 9,5 Prozent auf 8,95 Milliarden Euro zulegen konnte. Das bereinigte Konzernergebnis des Gesamtkonzerns stieg trotz eines Rückgangs im Gasgeschäft um fast 9 Prozent auf 1,15 Milliarden Euro. Das EBIT sank im ersten Halbjahr um 1,2

Prozent auf 910 Millionen Euro. Als Ursache wird die Leistungsdrosselung von Block 1 des Atomkraftwerks Neckarwestheim angegeben. (www.enbw.de)

Der schwedische Energiekonzern **Vattenfall** Europe war 2002 aus mehreren Unternehmen entstanden: Den Versorgern von Berlin, Bewag, und Hamburg, HEW, sowie dem Braunkohle-Tagebaubetrieb Laubag und dem Kraftwerksbetreiber Veag. In und um Berlin ist Vattenfall der mit Abstand größte Stromversorger. Fünf Kohlekraftwerke unterhält der Konzern, der immer wieder für Schlagzeilen gesorgt hatte wegen der Pannen in seinen Atomkraftwerken Krümmel und Brunsbüttel. Mit 20 980 Beschäftigten machte Vattenfall 2009 einen Umsatz von 14,5 Milliarden Euro. (www.vattenfall.de)

Wichtige Segmente der Energie- und Rohstoffwirtschaft im Einzelnen

Strom - Verbrauch noch nicht ganz auf Vorkrisenniveau

Im deutschen Strommarkt sind rund 1 000 Unternehmen aktiv. Das Stromoligopol aus den vier deutschen Stromunternehmen E.ON, RWE, EnBW und Vattenfall kontrolliert jedoch rund 90 Prozent der Erzeugung. Die Deregulierungsmaßnahmen der Bundesnetzagentur gehen weiter. Die Bundesnetzagentur will auf dem Strommarkt von den Netzbetreibern mehr als eine Milliarde Euro an Netzentgelten zurückfordern. Grundlage ist ein Urteil des Bundesgerichtshofs. Er hatte 2008 entschieden, dass die von der Netzagentur angeordnete Senkung von Netzentgelten rückwirkend gelte. Die Netzkosten machen immerhin rund ein Drittel des Strompreises aus. Teuer ist der Strom nicht zuletzt durch die Höhe der Abgaben an den Staat. [Abb. 1]

Der deutsche Stromverbrauch ist zwar mit der Konjunktur wieder in Fahrt gekommen, liegt aber noch längst nicht wieder auf dem Niveau zu Beginn der Wirtschaftskrise. Auch die Strompreise steigen weiter. Nach Angaben des unabhängigen Verbraucherportals toptarif.de erhöhten in diesem Jahr bereits mehr als die Hälfte der rund 900 Stromversorger in Deutschland ihre Preise um durchschnittlich sechs Prozent mit Verweis auf die zum Jahreswechsel gestiegene EEG-Umlage. Darunter auch Branchengrößen wie Vattenfall, RWE und fünf der sieben E.ON-Regionaltöchter.

Erdgas - Weltweite Gasschwemme hält an

Erdgas spielt in der Energieversorgung Deutschlands und Europas eine immer wichtigere Rolle. Rund die Hälfte der privaten Haushalte nutzt inzwischen Gas.

Erdgas wurde von Industrie, Kraftwerken und Haushalten wieder stärker nachgefragt und so erhöhte sich der Verbrauch in Deutschland im ersten Halbjahr 2010 um vierzehn Prozent. (1)

Marktführer im deutschen Gasgeschäft ist Eon Ruhrgas. Doch die Konkurrenz verschärft sich. Newcomer aus dem Inland und Wettbewerber aus dem Ausland - beispielsweise Gaz de France, Eni, Essent - sind scharf auf die Ruhrgas-Kunden. Diese werden von etlichen Billiganbietern umworben. Da gibt es die Konzernableger E-wie-einfach von Eon oder Eprimo von RWE, aber auch einige unabhängige Anbieter wie beispielsweise Teldafax und etliche Stadtwerke mit Online-Töchtern. Mit günstigen Preisen locken sie die Kunden. Trotz allem haben diese ihre Scheu, den angestammten Gasanbieter zu wechseln, immer noch nicht abgelegt. Im vergangenen Jahr wechselten nur fünf Prozent der Haushalte zu einem neuen Gasanbieter.

Die erfolgsverwöhnte Eon Ruhrgas ist inzwischen zum Sorgenkind des Eon-Konzerns mutiert. Dies liegt daran, dass sich der globale Gasmarkt verändert hat. Zum einen hat das Angebot an Gas deutlich zugenommen. So werden inzwischen reichliche Mengen an Flüssiggas (LNG) auf den Markt gebracht. Die EU geht davon aus, dass der heutige LNG-Anteil von zehn Prozent am Erdgasaufkommen bis zum Jahr 2020 auf etwa 25 Prozent steigen wird. Bis 2030 werde sich das Volumen des Welthandels mit LNG auf 650 bis 750 Milliarden Kubikmeter im Jahr etwa verdreifachen. Hinzu kommen die riesigen Mengen an Shale Gas (Gas aus Tonschiefersteinen, auch unkonventionelles Gas genannt), das insbesondere von den USA im großen Stil angeboten wird. Derzeit hat das Shale Gas einen Anteil von fast zwölf Prozent an der gesamten Gasförderung der USA; bis 2030 soll es rund 25 Prozent der Gasförderung ausmachen.

Infolge der regelrechten Gasschwemme sinken seit etwa zwei Jahren die Gaspreise im Großhandel. Zum anderen ist in Zeiten der globalen Wirtschaftskrise die Gasnachfrage deutlich nach unten gefallen. Sie erholt sich zwar jetzt wieder. Doch die Situation für Ruhrgas und die anderen großen deutschen Erdgasimporteure Wingas und VNG bleibt schwierig. Sie bleiben auf ihren langfristig eingekauften ölpreisgebundenen Mengen sitzen, während freie Händler auf den Spotmärkten Gas günstig einkaufen und ihnen damit die Kunden abjagen.

Der vehemente Preiseinbruch an den Spotmärkten wird allerdings auf die Verbraucher nicht durchschlagen. Denn in Kontinentaleuropa stammen nur zehn Prozent des verbrauchten Gases aus Mengen mit freier Preisbildung, und in Deutschland ist der Anteil noch deutlich niedriger. Bei den Verbraucherpreisen setzt sich das Auf und Ab fort. Die traditionelle Bindung an den Ölpreis hat sich gelockert. 74 deutsche Gasversorger haben angekündigt, zu Beginn der Heizsaison ihre Preise zu erhöhen. Mehr als 40 Anbieter hingegen wollen ihre Preise senken. Das Verbraucherportal Toptarif rechnet damit, dass die Preise spätestens zu Beginn des neuen Jahres flächendeckend wieder nach oben gehen werden. Ursachen seien die sich erholende Weltwirtschaft und die anhaltend hohen Preise bei Roh- und Heizöl. (3)

Stein- und Braunkohle - Der CO2-Ausstoß muss sinken

Die Steinkohle machte im ersten Halbjahr 2010 mit einem Plus von 35 Prozent auf sich aufmerksam. Die deutschen Stahlschmieden befeuerten kräftig, um nach dem Nachfrageeinbruch des vergangenen Jahres wieder Boden gut zu machen. Sie steigerten den Einsatz von Kohle und Koks um knapp 84 Prozent. Auch in der Stromerzeugung legten die Steinkohlen zu, und zwar um 23 Prozent.

Der Verbrauch an Braunkohlen lag in den ersten sechs Monaten des Jahres in etwa unverändert auf dem Niveau des Vorjahres. (1)

Die Bundesregierung hat Anfang August 2007 den Gesetzentwurf für den Ausstieg aus dem staatlich finanzierten Steinkohlebergbau bis zum Jahr 2018 beschlossen. Die Beihilfen für die schrittweise

Abwicklung des Steinkohlebergbaus von 2009 an bis zum Ausstiegsjahr 2018 werden auf weitere 21,6 Milliarden Euro beziffert. In den Bergbaurevieren in Ibbenbüren, im Saarland und der Rhein-Ruhr-Region arbeiten derzeit in noch fünf Bergwerken, einer Kokerei und Servicebereichen rund 30 000 Mitarbeiter. Im Bergwerk Ost in Hamm am östlichen Rand des Ruhrgebiets ging im September die Kokskohleförderung ebenfalls zu Ende. Die EU-Kommission will Deutschland zwingen, bereits 2014 die versprochenen Finanzhilfen für den heimischen Bergbau einzustellen.

Die deutsche Braunkohle ist im In- und Ausland nach wie vor wettbewerbsfähig. Die drei Braunkohleproduzenten sind RWE, Vattenfall Mining & Generation und die Mitteldeutsche Braunkohle AG (Mibrag).

Die deutschen Braunkohleverstromer planen nach wie vor den Ausbau der Braunkohle. Drei Braunkohlekraftwerke sollen bis 2012 neu ans Netz gehen. Dabei ist die Vermeidung von CO_2 eines der drängendsten Probleme, das aus Sicht des Klimaschutzes und der Energieversorger zu lösen ist. Die Vorgaben zur permanenten Reduktion des Klimatreibers sind gesetzt, und per Emissionshandel wird nach und nach der Druck auf die größten Luftverschmutzer erhöht: die Braun- und Steinkohlekraftwerke. Alle Versorger, die auf den

Energieträger nicht verzichten wollen, forschen daher an der Vermeidung von Kohlendioxid oder dessen Abtrennung.

Der politische Prozess um die Abscheidung und Speicherung von Kohlendioxid (Carbon Capture and Storage, kurz CCS) ist eine Runde weiter gegangen. Die Karten liegen nun auf dem Tisch: Am 14. Juli 2010 haben der Bundeswirtschaftsminister Rainer Brüderle (FDP) und Bundesumweltminister Dr. Norbert Röttgen (CDU) einen Gesetzentwurf für die Erprobung der CCS-Technologie zur unterirdischen Speicherung von Kohlendioxid (CO_2) vorgestellt. Schrittweise wolle man vorgehen, nichts überstürzen, die Sorgen der Bevölkerung nahe den geplanten unterirdischen Speichern ernst nehmen. Deshalb werde zunächst nur die Erprobung und Demonstration von Speichern mit dem Gesetzentwurf zugelassen und der Entwicklungsstand der Technologien dann 2017 umfassend evaluiert. Dann werde man weitersehen. Der Gesetzentwurf wird jetzt innerhalb der Bundesregierung beraten. In diesem Verfahren werden auch die Länder und Verbände beteiligt. Danach folgt der parlamentarische Abstimmungsprozess. Mit einer abschließenden Entscheidung wird Ende des Jahres gerechnet. Es gibt jedoch Stimmen, die die Realisierungschancen von CCS in Deutschland für gering halten.

Mineralöl - Anhaltender Nachfragerückgang

Mit dem Verbrauch an Mineralöl ging es zwischen Januar und Juni abwärts, und zwar um sechs Prozent. Dies ist darauf zurückzuführen, dass viele Verbraucher ihren Bedarf an Heizöl in den ersten sechs Monaten des Jahres noch gut aus den vorhandenen Vorräten decken konnten. Außerdem ging der Verbrauch an Otto- und Flugkraftstoff leicht zurück. Diesel hingegen legte etwas zu. (1)

Die weltweite Nachfrage nach Öl schrumpft. Kurzfristig liegt das am konjunkturell bedingten geringeren Verbrauch der Abnehmerbranchen, mittel- und langfristig an der zunehmenden Energieeffizienz und den zur Neige gehenden Ölvorräten. Die Organisation Erdöl exportierender Staaten (OPEC) geht davon aus, dass sich die Nachfrage erst in fünf Jahren wieder auf dem Vor-Krisen-Niveau befinden wird. In diesem Jahr wird der Weltölverbrauch laut Internationaler Energieagentur um 12 Prozent ansteigen.

Das Angebot an Öl ist hingegen keineswegs knapp. Überkapazitäten infolge neuer Anlagen in Schwellenländern und hohe Lagerbestände lassen die Sorge um das irgendwann versiegende Öl zurzeit in den Hintergrund treten. Die OPEC hat sich im Herbst darauf verständigt, die Ölfördermenge konstant zu halten, auch wenn Ölförderländer wie Nigeria, Angola und Algerien gerne mehr Öl auf den Markt bringen würden, um mehr zu verdienen. Die OPEC jedoch gibt der Preisstabilität Vorrang.

Zu den weltgrößten westlichen börsennotierten Ölkonzernen zählen Exxon Mobil (USA, 311 Milliarden Dollar Umsatz 2009), Shell (NL/GB, 285 Milliarden Dollar), BP (GB, 264 Milliarden Dollar), Chevron (USA, 172 Milliarden Dollar) und Total (F, 161 Milliarden Dollar). Betrachtet man die Marktkapitalisierung gesellen sich die chinesische Petrochina und die brasilianische Petrobras hinzu. Die Brasilianer absolvierten vor kurzem die größte Kapitalerhöhung aller Zeiten. Mit 220 Milliarden Dollar Marktkapitalisierung ist Petrobras nach Petrochina und ExxonMobil nun der drittgrößte börsennotierte Ölkonzern der Welt. Ebenfalls zu berücksichtigen sind die großen Staatskonzerne aus Saudi-Arabien, Iran, Irak, Kuweit und Venezuela.

Erneuerbare Energieträger - Die Welt setzt auf Energie aus Wind und Sonne

Die erneuerbaren Energien konnten ihren Beitrag zur Energiebilanz des ersten Halbjahres insgesamt um sechs Prozent erhöhen. Der Anteil aller erneuerbarer Energien am Primärenergieverbrauch erreichte 8,8 Prozent. Derzeit decken die erneuerbaren Energien schon beachtliche 16 Prozent des Strombedarfs. Seit Ende der neunziger Jahre boomt in Deutschland der Markt für Strom aus erneuerbaren Energiequellen - also Wasser- und Windkraft, Sonnenenergie und

Strom aus Biomasse. Damals legte die rot-grüne Bundesregierung die Grundlagen, um Strom aus erneuerbaren Energiequellen wirtschaftlich produzieren zu können. Das Erneuerbare-Energien-Gesetz garantiert seit dieser Zeit Mindestvergütungen für eingespeisten Ökostrom. Der Anteil der Erneuerbaren Energie am deutschen Strommix soll bis zum Jahr 2020 auf zwanzig Prozent wachsen. Die Rezession schwächte zwar die Wachstumsdynamik ab, doch langfristig wird die weltweite Nachfrage nach umweltfreundlichen Technologien weiterhin gewaltig wachsen.

Wasserkraft deckt derzeit 4 Prozent des deutschen Stroms. Doch Deutschland ist weitgehend flach und neue Stauseen werden nicht mehr sehr viele angelegt, die Wasserkraft hat daher nur noch geringes Ausbaupotential.

Windkraftanlagen sind weiter auf Vormarsch. Mittlerweile ist Deutschland mit rund 10 Milliarden Euro Umsatz mit in Deutschland hergestellten Windenergieanlagen, deren Bauteilen, Betrieb und Service und rund 90 000 Beschäftigten einer der weltweit größten Märkte für Windenergieanlagen. Betrachtet man die gesamte installierte Leistung, so hat Deutschland seine weltweit führende Position in der Erzeugung von Strom aus Windkraftanlagen vor zwei Jahren an die USA abgegeben. Beim Neubau von Windenergieanlagen liegt Deutschland jetzt auf Rang vier hinter China, USA und Spanien.

Top fünf Länder nach installierter Leistung 2009: USA, Deutschland, China, Spanien, Indien.

Top fünf Länder nach Neubau 2009: China, USA, Spanien, Deutschland, Indien. (4)

Inzwischen stehen in Deutschland insgesamt 21 164 Windenergieanlagen mit einer installierten Leistung von 25 777 Megawatt (Stand 31.12.2009). Damit hatte die Windenergie 2009 einen Anteil von 7,58 Prozent am Bruttostromverbrauch in Deutschland. Im ersten Halbjahr 2010 kamen 332 Anlagen neu hinzu.

Die Top fünf Bundesländer mit der größten installierten Windleistung sind Niedersachsen, Brandenburg, Sachsen-Anhalt, Schleswig-Holstein und Nordrhein-Westfalen. [Abb. 2] Aktuell stellt die deutsche Windindustrie über 90 000 direkte und indirekte Arbeitsplätze. Weitere Jobs entstehen mit einem verstärkten Ausbau der Windenergie in Deutschland, neuen Exportmärkten, dem Aufbau der Offshore-Technologie und neuen Dienstleistungen. Bis zum Jahre 2020 sind zwischen 200 000 und 250 000 Jobs allein in der Windenergie möglich.

Zu den größten internationalen Herstellern von Windkraftanlagen zählen Weltmarktführer Vestas Wind Systems (Dänemark, Marktanteil 12,5 Prozent), Weltmarktzweiter GE Wind (USA), Gamesa (Spanien), Suzlon (Indien) sowie die chinesischen

Hersteller Sinovel, Goldwind und Dongfang. [Abb. 3]

Die größten deutschen Windradhersteller sind Enercon (international Rang vier), Siemens und Nordex.

Die Sonnenenergie liegt weiter im Trend. Bis etwa 2050 könne ein Drittel des Energiebedarfs auf der Erde von der Sonne gedeckt werden, wirbt der Bundesverband Solarwirtschaft. Allerdings muss realistisch wahrgenommen werden, dass die Anteile von Photovoltaik und Solarthermie derzeit noch sehr klein sind. So lag der Photovoltaik-Anteil am deutschen Stromverbrauch 2009 unter zwei Prozent, der Solarthermie-Anteil am deutschen Wärmeverbrauch sogar unter einem Prozent. Solarthermie liefert Wärme. Bei solarthermischen Kraftwerken erhitzen Sonnenstrahlen über Richtspiegel Wasser, das dann eine Turbine antreibt. Photovoltaik liefert Strom. Solarzellen wandeln die Energie in Strom um. Über achtzig Prozent der Solaranlagen sind auf Dächern installiert. Noch nie sind in Deutschland so viele neue Photovoltaik-Anlagen ans Netz gegangen wie 2010. Damit wollten sich viele die attraktive finanzielle Rendite sichern, bevor die Bundesregierung die Einspeisevergütung laut Erneuerbare-Energien-Gesetz zum Juli und zum Oktober um zusätzliche 16 Prozentpunkte sinken ließ.

In Deutschland gibt es rund 15 000 Solarunternehmen (inklusive Handwerk), davon mehr als 350

Produzenten. Sie erwirtschafteten 2009 einen Umsatz von rund 19 Milliarden Euro und beschäftigten 83 000 Mitarbeiter. (5) Zu den namhaften deutschen Solarzellenherstellern zählen Q-Cells AG, Solarworld, SMA Solar, Phoenix Solar und Solon. Nur Q-Cells zählt auch international zur Spitzengruppe. Global betrachtet kommen nur noch 15 Prozent aller Solarzellen aus Deutschland, aber 38 Prozent aus China. Die größten chinesischen Produzenten sind Suntech Power, Yingli und JA Solar. Stark vertreten mit jeweils einem Anteil von 12,5 Prozent sind auch Japan mit seinen großen Herstellern Sharp, Kyocera und Trina Solar sowie Taiwan. (6)

Strom wird auch durch das Verbrennen von Klär- und Deponiegas, Müll oder aus pflanzlichen Brennstoffen erzeugt - etwa von Holzpellets. Noch liegt der Anteil von Biomasse-Strom in Deutschland unter zwei Prozent, bis 2020 könnte er auf mehr als zehn Prozent steigen. Der Bundesverband Erneuerbare Energien beklagt, dass die Nachfrage nach Biogasanlagen im landwirtschaftlichen Bereich aufgrund der gestiegenen Weltmarktpreise für nachwachsende Rohstoffe um fünfzig Prozent zurückgegangen sei.

Kernenergie - Laufzeitverlängerung ist beschlossene Sache

Die Stromerzeugung aus Kernkraftwerken

verminderte sich im ersten Halbjahr 2009 wegen geplanter und ungeplanter Anlagenstillstände um über acht Prozent. Anfang September ging die monatelange Diskussion um den deutschen Ausstieg aus dem Atomausstieg in die vorläufig letzte Runde. Die schwarz-gelbe Regierungskoalition einigte sich und schloss einen Pakt mit den Betreibern der Atommeiler. Die Eckpunkte: Die noch betriebenen 17 Kernkraftwerke dürfen durchschnittlich zwölf Jahre länger laufen. Die Meiler, die vor 1981 ans Netz gingen, sollen acht Jahre länger laufen dürfen, modernere Anlagen 14 Jahre. Die Laufzeitverlängerung setzt dann ein, wenn die im Gesetz 2002 zugesagten Reststrommengen je Meiler verbraucht sind. Das letzte deutsche Atomkraftwerk wird also voraussichtlich erst 2037 vom Netz gehen. Vor der Verlängerung müssen die Meiler sicherheitstechnisch nachgerüstet werden. Die Bundesregierung sieht die Atomtechnologie als Brückentechnologie, die notwendig ist, bis die Energieversorgung Deutschlands stärker auf die Erneuerbaren Energien umgestellt ist.

Andere Länder setzen deutlicher auf Atomstrom. Derzeit betreiben dreißig Länder 440 Kernreaktoren.

Große Volkswirtschaften wie China, Indien und Russland haben den Bau zahlreicher Kernkraftwerke angekündigt. 2009 lagen USA (104 Atomkraftwerke in Betrieb), Frankreich (59) und Japan (53) an der Spitze der atomstromerzeugenden Länder. China hat derzeit 11 Anlagen in Betrieb, aber bereits 12 neue in Bau, weitere 33 in Planung; weitere achtzig könnten hinzukommen. (7)

Rohstoffe - Auf Erholungskurs, BHP und Rio Tinto Eisenerz-Kooperation geplatzt

Die Bergbaukonzerne verzeichneten in den vergangenen Jahren glänzende Umsatz- und Gewinnzuwächse. Sie profitierten massiv von der stark gestiegenen Nachfrage nach Rohstoffen wie Öl, Gas, Kohle, Aluminium, Blei, Kupfer, Nickel, Zink, Zinn, Eisenerz, Mangan und Bauxit bei beschränktem Angebot und hohen Preisen. Kapazitätsengpässe bei Personal und Material und höhere Kosten für Energie und Rohmaterialien trieben zwar die Kosten nach oben, doch es waren genügend Barreserven vorhanden. Doch durch die Weltwirtschaftskrise hat sich das Bild auch in der Bergbaubranche verändert. Nach dem jahrelangen Boom sind die Preise für Rohstoffe in den vergangenen Monaten stark unter Druck geraten. Dadurch kam es zu einer ganzen Reihe von Übernahmeangeboten und Fusionsversuchen. Inzwischen erholt sich der Markt wieder. Kupfer beispielsweise hat bereits wieder das Preisniveau erreicht, das vor der Finanzkrise bestand.

Die fünf größten Minengiganten sind BHP Billiton, Rio Tinto, CVRD, Xstrata und Anglo American. BHP

Billiton ist unter anderem der größte Kohle-Produzent, hat aber auch signifikante Engagements in vielen anderen Rohstoffbereichen wie Eisenerz, Aluminium, Kupfer, Uran und Nickel. Der Konzern strebt die feindliche Übernahme des kanadischen Düngemittelkonzerns Potash an. Doch die Regierung der Provinz Saskatchewan drohte mit einem Veto: Sie befürchtet Steuerausfälle infolge einer Übernahme und betonte, diese nur dann unterstützen zu wollen, wenn es sich unter dem Strich für Saskatchewan und Kanada lohne.

BHP und Rio Tinto mussten ihre Pläne zur gebündelten Eisenerzförderung in Australien aufgeben. Die EU-Kommission und das Bundeskartellamt hatten Widerstand geltend gemacht. Begrüßt wurde das Scheitern der Pläne von der Stahlindustrie: Diese hatte befürchtet, dass die beiden Rohstoffhäuser - im Eisenerzgeschäft weltweit die Nummer zwei und drei - künftig die Preise diktieren könnten.

EU und Weltwirtschaft

Die europäischen Energiekonzerne sind im Vergleich zu anderen Branchen bisher wenig international. Doch das ändert sich derzeit. Viele, auch die deutschen Branchenführer Eon und RWE, sind im Ausland auf Einkaufstour unterwegs. Andererseits gibt es einen gegenläufigen Trend: einige EU-Staaten wollen gleichzeitig starke nationale Champions aufbauen. So betreibt Frankreich weiterhin Industriepolitik in eigener Sache: Aus dem Gasriesen Gaz de France (GdF) und dem Versorgungskonzern Suez ist der nationale Versorger GdF Suez geworden, an dem der französische Staat zu 35,6 Prozent beteiligt ist. Frankreichs Regierung hat sich damit neben Electricité de France einen zweiten europäischen Branchenriesen geschaffen. Europas größte Energieversorger sind die französische Suez/Gaz de France und EDF, die deutschen E.ON und RWE, die italienische Eni und Enel/Endesa, die britische Centrica, die spanische Iberdrola und die schwedische Vattenfall. Die europäische Kommission kämpft weiterhin um mehr Liberalisierung auf dem europäischen Strom- und Gasmarkt, mehr Wettbewerb und die Abspaltung der Strom- und Gasnetze.

Nach wie vor basiert die Weltwirtschaft auf fossilen Brennstoffen, allen voran dem Erdöl. Daher rangieren weltweit Ölkonzerne an der Spitze der Energieunternehmen. Die Ölnachfrage der Industrieländer geht tendenziell zurück, in den Entwicklungs- und Schwellenländern steigt der Verbrauch. Die größten Erdölreserven haben Saudi-Arabien, Iran und Irak. Die weltweit größten Erdölförderer sind Saubi-Arabien, Russland und die

USA. Der Nahe Osten investiert kräftig in den Ausbau seiner Öl- und Gasförderung: Saudi-Arabien, Irak und die Vereinigten Arabischen Emirate treiben ihre Ölförderkapazitäten voran. Deutschland liegt als Erdölverbraucher international auf Platz fünf, verfügt über die siebtgrößten Raffineriekapazitäten, taucht jedoch bei Erdölförderung und Erdölreserven in der weltweiten Betrachtung nicht unter den Top Ten Ländern auf.

Beim Erdgasverbrauch rangiert Deutschland auf Position sechs. Die größten Verbraucher sind die USA. Die größten Erdgasfördernationen sind USA, Russland und Kanada. Die Länder mit den größten Erdgasreserven sind Russland, Iran und Katar (BP Statistical Review, 2007). Die drei Staaten halten 55 Prozent aller Gasvorkommen.

Trends

Vision: Zweitausend Offshore-Windanlagen vor den deutschen Küsten

Viele Schlagzeilen macht weiterhin die Windindustrie - und zwar mit Offshore Windparks, also Anlagen, die nicht an Land (onshore) sondern im Meer errichtet werden. Vorreiter ist momentan England. Dort ist der Anreiz für die Versorger hoch, da die Einspeisevergütung mit 18 Cent je Kilowattstunde um drei Cent höher liegt als etwa in Deutschland. Doch auch Deutschlands Windbranche hat sich ein ehrgeiziges Ziel gesetzt: Bis zum Jahr 2020 soll eine Stromerzeugungskapazität von 100 000 Megawatt mit Windparks vor den deutschen Küsten geschaffen werden. Dazu müssten knapp 2 000 Windräder in den nächsten zehn Jahren gebaut werden.

Im Offshore Windgeschäft sind die großen Energieversorger gut mit von der Partie, angesichts des hohen Kapitalbedarfs derartiger Anlagen ist das auch nicht verwunderlich. Zwei Beispiele:

Von 118 Windturbinen, die im ersten Halbjahr 2010 in Nord- und Ostsee in Betrieb gingen, entfielen nach Zahlen des europäischen Windenergieverbandes allein 64 Prozent auf E.ON. Der Energieversorger hat in diesem Jahr bereits drei Offshore Windparks in Betrieb genommen. Den britischen Windpark Robin Rigg, die Pilotanlage Alpha Ventus in der deutschen Nordsee und zuletzt im Oktober die Anlage Rödsand II zwischen der deutschen Ostseeinsel Fehmarn und der dänischen Insel Lolland. Die neunzig von Siemens gelieferten Windmühlen haben zusammen eine Kapazität von 207 Megawatt und können nach Angaben von E.ON rund 200 000 Haushalte mit erneuerbaren Energien versorgen.

Im September eröffnete Vattenfall den derzeit weltweit größten Offshore-Windpark. Thanet vor der Südostküste Englands verfügt über hundert Turbinen, deren Stromproduktion dem Jahresverbrauch von mehr als 200 000 britischen Haushalten entspricht. Das Investitionsvolumen beläuft sich auf rund eine Milliarde Euro. Der Windpark erstreckt sich über eine Fläche von 35 Quadratkilometern - das entspricht einer Fläche von mehr 4 000 Fußballfeldern. In Deutschland plant Vattenfall den Bau eines Offshore-Windparks in der Nordsee. Gemeinsam mit den Stadtwerken München will Vattenfall achtzig Windkraftanlagen etwa 70 Kilometer vor Sylt ab 2012 errichten. (8)

Ausbau der Kernenergie, weltweites Comeback der Kohle

Auch wenn den erneuerbaren Energien die meisten Sympathien gehören, beinhalten die Energiekonzepte der Länder auch den Ausbau anderer Energieträger. So wird sich die weltweite Nachfrage nach Kernenergie nach Einschätzung der Organisation für wirtschaftliche Zusammenarbeit und Entwicklung (OECD) deutlich erhöhen. Bis zum Jahr 2050 könnte sich die Zahl der Kernreaktoren im Extremfall von derzeit 439 auf 1 400 fast vervierfachen. Damit stiege der Anteil der Atomkraft an der Stromerzeugung in den OECD-Ländern von 16 auf 22 Prozent. Ein weltweites Comeback feiert auch die Kohle. Laut Internationaler Energieagentur wird sich bis 2015 der weltweite Kohleeinsatz um 32 Prozent erhöhen, bis

2030 sogar um 59 Prozent. In China wird alle sieben bis zehn Tage ein neues Kraftwerk eröffnet, das mit Kohle befeuert wird. 41 Prozent des globalen Verbrauchs und der weltweiten Produktion von Kohle entfallen auf China.

Nationalismus im Ölgeschäft

Im Ölgeschäft macht sich zunehmender Nationalismus breit. Die nationalen Ölgesellschaften der Schwellenländer haben wachsenden Einfluss. Sie sind für über achtzig Prozent der weltweiten Ölversorgung zuständig. In Saudi-Arabien, Russland, Venezuela und Bolivien lässt sich diese Entwicklung sehr gut beobachten. Saudi Aramco wurde 1980 verstaatlicht und gilt vielen schon heute als das wertvollste Unternehmen. Die großen, privatwirtschaftlichen Ölkonzerne Exxon Mobil, Royal Dutch Shell und BP decken nur fünfzehn Prozent des weltweiten Bedarfs. Russland ist nach Saudi-Arabien zum zweitgrößten Erdölförderer der Welt aufgestiegen. An der Spitze der russischen Erdölförderung und -verarbeitung steht der zu 84 Prozent vom Kreml kontrollierte Konzern Rosneft. Noch vor wenigen Jahren sah die Rangliste im russischen Ölgeschäft ganz anders aus. Die privaten Unternehmen Yukos, Lukoil und die anglo-russische TNK-BP rangierten auf den vordersten Plätzen. Venezuela und Bolivien haben ihre Erdölindustrie de facto verstaatlicht.

Zahlen & Fakten

Abbildung 1:

Staatliche Abgaben machen Strom teuer

Belastung der Strompreise
nach Abgaben an den Staat
2005-2010 *

Belastung	2005 in Milliarden Euro	2006	2007	2008	2009	201
Stromsteuer **	6,46	6,27	6,35	6,26	6,35	6,35
Kraftwärmekopplungsgesetz	0,85	0,79	0,7	0,52	0,63	0,45
Erneuerbare-Energien-Gesetz ***	2,92	3,78	4,3	4,88	4,8	8,2
Konzessionsabgabe (geschätzt)	2,07	2,09	2,14	2,17	2,16	2,11
Gesamt	12,3	12,88	13,49	13,83	13,94	17,1

* Ohne Mehrwertsteuer.

** Laut Arbeitskreis
Steuerschätzung November
2009.

*** Mehrkosten gegenüber
Börsenpreis, ab 2010
Anwendung der
Ausgleichsmechanismus-
verordnung.

Quelle: BDEW

Entnommen aus: Wirtschaftswoche, 23/2010, S. 77

Abbildung 2:

Marktanteile bei Windenergieerzeugung in Deutschland 2010

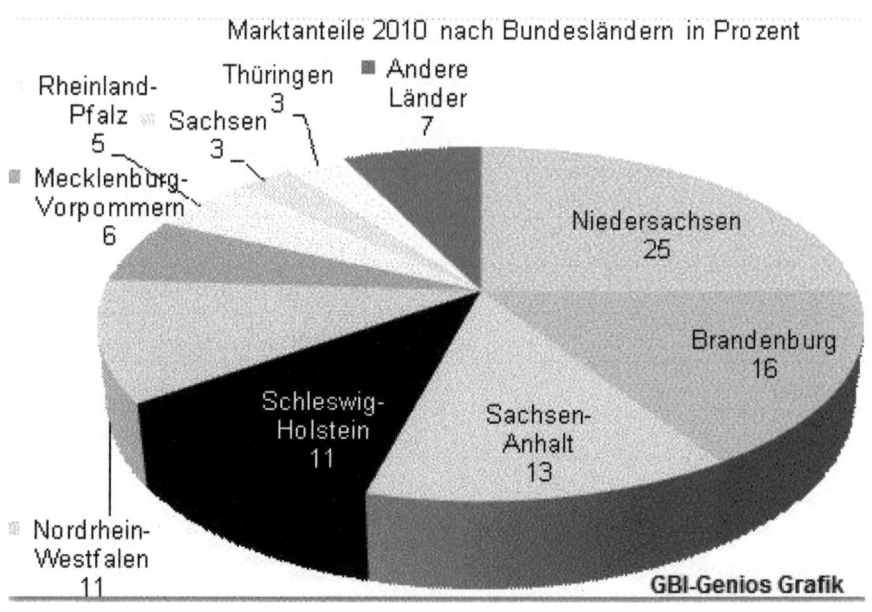

Quelle: Bundesverband der Windenergie, Deutsches Windenergie-Institut

Entnommen aus: Frankfurter Allgemeine Zeitung, 20.08.2010, S. 17

Abbildung 3:

Vestas bleibt an der Spitze des Windanlagengeschäfts

Hersteller von Windkraftanlagen nach
Marktanteil* 2009

Unternehmen	Land	Marktanteil in Prozent
Vestas	Dänemark	12,5
GE Wind	USA	12,4
Sinovel	China	9,2
Enercon	Deutschland	8,5
Goldwind	China	7,2
Gamesa	Spanien	6,7
Dongfang	China	6,5
Suzlon	Indien	6,4
Siemens	Deutschland	5,9
Repower	Deutschland	3,4

* neu installierte Kapazität:
insgesamt 38 103 Megawatt Leistung

.

Quelle: BTM Consult

Entnommen aus: Handelsblatt, 21.04.2010, S. 26

Weiterführende Literatur

(1) Daten. Vierteljährliche Daten zum
Primärenergieverbrauch. Energieverbrauch macht
kräftigen Sprung nach oben Nr. PresseNr.03/10 vom
02.08.2009
aus Versicherungswirtschaft, 01.06.2010, 65.Jg., Nr. 11,
S. 820

(2) Unruhe vor Strategiewechsel von RWE und Eon
aus Frankfurter Allgemeine Zeitung, 21.10.2010, Nr.
245, S. 17

(3) Gas wird teurer
aus FAZ.NET, 24.08.2010

(4) Windenergie-Nutzung international
aus FAZ.NET, 24.08.2010

(5) Daten und Infos zur deutschen Solarbranche
aus FAZ.NET, 24.08.2010

(6) Schlussverkauf für die Sonnenanbeter
aus Frankfurter Allgemeine Zeitung, 13.08.2010, Nr.

186, S. 19

(7) International: Top 15 Länder nach Vorkommen von und Markt für Uran, Top Länder mit Atomenergieprogrammen 2007-2020
aus Wirtschaftswoche, 23/2009, S. 99

(8) Windanlagenbauer bevorzugen England
aus Frankfurter Allgemeine Zeitung, 24.09.2010, Nr. 222, S. 20

Impressum

Branchenreport ENERGIE & ROHSTOFFE Ausgabe 2/2010

Bibliografische Information der deutschen Nationalbibliothek

Die Deutsche Nationalbibliothek verzeichnet diese Publikation in der deutschen Nationalbibliografie; detaillierte bibliografische Daten sind im Internet über http://dnb.d-nb.de abrufbar.

ISBN: 978-3-7379-1876-3

© 2015 GBI-Genios Deutsche Wirtschaftsdatenbank GmbH, Freischützstraße 96, 81927 München, www.genios.de

oder ähnliche Einrichtungen und die Einspeicherung und Verarbeitung in elektronischen Systemen.